바다는 온몸으로 날 구해요

- 나여울 산문집 -

바다는
온몸으로 날 구해요

나여울 산문집

작가의 말

여린 어른이라도
괜찮습니다.

상처뿐이라도
괜찮습니다.

언제든 좋으니
편안한 시간과 공간에서
글자로 대화하고 싶습니다.

당신의 새벽이
부디 안온하길 바랄 뿐입니다.

누구에게나 꺼내기 힘든
이야기가 있을 수 있습니다.

괜찮습니다.
굳이 다 이야기하지 않아도 좋습니다.

그저 묵묵히 당신을 위해
살아가면 좋겠습니다.

스스로를 아껴주며
더욱 사랑하며

나를 공부해가는 시간들로
가득히 채워갔으면 좋겠습니다.

차례

1장. 울부짖음은 파도 소리가 되었습니다.

무너지고 무뎌진 그런 날	16
나와 또 다른 '나'	18
바다가 보고 싶은 날	20
결핍과 제법 어우러지는 요즘	22
들키기 싫은 새벽	23
모래 자국	25
귀 기울이는 시간	27
시선 속에 갇힌 나	29
푸른 안개	31
그림자	33
끊임없이 흔들리는 마음	34
계획대로 되지 않을 때	36
안 하는 용기	38
여린 어른도 괜찮습니다	39
성장통을 겪는 중입니다	40
좋아함과 두려움	41
명상	42
겨울 아이	43
공간	45

불안이 찾아온 밤	46
놓아주기	48
마음속에 비밀의 화원	50
주목받기 힘들 때	51
눈물부터 먼저 나올 때	52
꾸준함	54
소중하고 아끼는 감정들	55
좋아함으로 시작된	56
저마다의 아픈 손가락	57
이제야 울어봅니다	58
알 수 없는 감정	59
감정을 숨기고 싶을 순간	60
아스라이 같던 감정들	62
독백으로 채우는 새벽	63
기억	64

2장. 빛나지 않는 윤슬을 보았나요.

시선이 닿는 또 하나의 언어	68
대화의 결이 소중한 인연들	70
짙은 향을 남기는 존재	72
말이 없는 게 아닙니다	74
괜찮지 않습니다	76
자연의 소리로 충전	78
입체적으로 보는 연습	80
귀여운 작은 허세	82
유머러스한 사람	84
안부	86
추억	87
진정한 어른의 모습	89
소음에 지친 적이 있으신가요	90
당신에게 스며든 나	91
빛나는 조연	92
감정의 모순	93
비교	94
호칭	95
빌런	96
따로 계산해 두지 않습니다	98
무례함 말고 무해함으로	99

누가 악당 역할일까요	100
시너지	102
가장 아끼는 존재는 나입니다	103
온도의 차이	105
공감 능력	106
귀여운 게 좋습니다	107
당연한 건 없습니다	108
거리두기	110
이제야 이해가 됩니다	111
원인을 분석해 봅니다	113
그랬구나, 그랬었구나	114
당신의 응원가	115
오래오래 봅시다, 우리	116
다정한 당신에게 스며들기	117
행운이 가득하길	118
칭찬	119
존재함이 빛나는 윤슬	121

3장. 썰물을 타고 바다로 나아갑니다.

시간을 아끼고 싶습니다	124
이야기를 담는 하늘	125
다름을 이해하는 존재	127
시작이 기대되는 오늘	129
더 친하게 지내고 싶네요	131
당신의 낭만은 무엇인가요	133
약간의 긴장감	134
계절의 변화를 느끼는 요즘	135
마음을 다잡아 봅니다	136
소소한 취향 저격	138
세상과 친해지기	140
나를 마주하기	142
계획대로 흘러가지 않을 때	143
포근한 파도	144
작은 세상 속	145
바다에 비친 달	147
작은 불씨 하나로 시작	149
강해진 내가 해결한 겁니다	150
나를 기록하고 계시나요	151
지적 허영심	152
하루의 마무리	153
오히려 좋습니다	155
타이밍을 맞추는 연습	156

회복 탄력성	157
충분합니다	158
반복적인 삶 속, 녹여내기	159
변화되는 세상	160
계절을 담아낸 바다	161
제목은 무제입니다	162
춘분	163
캐럴	164
가방의 흔적	165
책의 향이 좋습니다	166
음악이 주는 힘	167
하늘이 선사한 선물, 노을	169
산책	171
내일이 기대되는 오늘	173
흔들리며 성장하나 봅니다	175
저마다 꽃이 피는 시기	177
가끔의 독기	179
나그네	180
시간을 잠시라도	182
이제는 이별을 고합니다	184
돛단배	185
바다는 온몸으로 당신을 구해요	186

1장. 울부짖음은
파도 소리가 되었습니다.

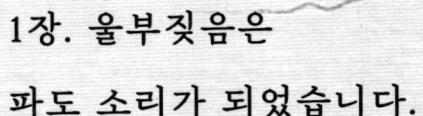

얼마나 깊은지
가늠하기가 쉽지 않습니다.

상처로 뒤덮인 헝클어진 감정들

어디서부터 풀어가야 하는지
잘 모르겠습니다.

밝은 웃음 뒤 어둡고 차가운
내면의 이야기로 가득합니다.

폭풍우로 쏟아져 버린 감정들로
홀로 새벽을 지새우기도 합니다.

- 감정을 숨기고 싶을 순간

무너지고 무뎌진 그런 날

이유 없이 터지는
울음을 마주하게 됩니다.

사실은 원인이 많기에
특정할 수 없어
그리 표현하며 쏟아냅니다.

스스로 만든 원인과
설움으로 몹시 아픕니다.

닦아도 끝없이 흘러내려
힘을 내기도 벅찹니다.

지독한 외로움의 공기가 순식간에
나의 공간을 메워버리고
고독이란 가시덩굴이
온몸을 휘감아 버립니다.

이런 날을 마주하면 방황할 틈 없이
처참히 무너져 버리곤 합니다.

언제까지 버텨야 할까,
어디까지 무더져 버린 모습을
마주해야 할까.

연민의 소리를 쏟아내는
그런 날입니다.

나와 또 다른 '나'

숨죽여 우는 어린아이가 있습니다.
아이의 울음소리를 들은 어른은
살포시 귀를 기울여 봅니다.

나 그리고
또 다른 '나'

자라지 않고 멈춰
아직 여린 마음을 가지고 있는 아이

다 커버린 어른의 부주의함으로
아이는 또 한 번 상처를 받았나 봅니다.

하나
둘
셋.

아이의 등에 손을 얹고
다독여 줍니다.

호흡을 가다듬은 아이의
양 볼을 잡고 눈을 마주합니다.

'미안하다'

아이는 오늘도
몇 번째 사과인지
셀 수 없는

어른의 사과를 받아줍니다.

바다가 보고 싶은 날

유독 부족하고 서투른 모습들이
머릿속에서 떠나지 않고
나를 붙잡을 때가 있습니다.

그럴 땐 아무도 없는
모래사장 위에 앉아
고요히 바다가 보고 싶어집니다.

너울거리는 파도를 보고 있으면
불안정하고 복잡하게만 느껴졌던
감정과 생각들이 어느새 차분해집니다.

언제나 그 자리를 지키고 있는 바다는
늘 부족하다며 투덜거리는 나를 토닥이며
그런 모습도 괜찮다며 따스히 반겨주네요.

언제든지 와서 쉬어가도 된다며
오늘도 여전히 그 자리를 지키고 있는
바다입니다.

결핍과 제법 어우러지는 요즘

부족함에서 오는 고립이 문득 찾아오면
바다의 비릿한 내음을 맡으러 가고 싶어집니다.

쓸쓸해 보이는 듯한 파도를 보고 있으면
푸념하듯 연민이 새어 나옵니다.

결핍에서의 자유는 아마 쉽지 않을 겁니다.

사실 모순된 마음이지만 결핍의 존재를
그리 싫어하고 싶지 않은 마음도 있습니다.

부족함에서 주는 묘한 자극이
꽤 근사한 순간순간들을 마주하게
될지도 모를 것 같다는 생각이 듭니다.

결핍과 어우러지며 반짝이는 윤슬과 함께
스며드는 오늘이 되길 바랍니다.

들키기 싫은 새벽

남들에게 눈물을 들키기 싫어서
여린 모습을 보여주고 싶지 않아서

칠흑같이 찾아오는 새벽에
홀로 이불을 뒤집어서
숨죽여 감정을 쏟아내어 봅니다.

약한 모습을 보이면
스스로 나약한 존재로 치부될까 봐

늘 밝고 긍정적인 모습으로
걱정시키지 않기 위해

하루에도 수십 번의
예쁜 가면을 쓰고 지내옵니다.

다 괜찮다며 모든 물음에
웃으며 답변을 해옵니다.

미소 뒤에
쓸쓸하고 고독한 감정을
애써 숨겨봅니다.

들키지 말아야 해.
내색하지 말아야 해.

혼잣말을 읊조리며
주문을 걸어봅니다.

오늘도 들키고 싶지 않은
새벽을 기다려봅니다.

모래 자국

모래 위에
글을 적어 봅니다.

발자국으로
흔적을 남겨 보기도 합니다.

잠시 후 파도는 너울거리며
남겨둔 흔적들을 쓸고 지나가 버립니다.

적어둔 글씨들은
언제 그랬냐는 듯이

원래의 자국 없는
본래의 상태로 돌아갑니다.

상처로 가득히 적어 내려간 마음도
즐거운 감정의 파도가 지나가면

상처들로 남긴
마음의 모래 흔적들을 지워갑니다.

그러니 다 파도가 쓸어 지나가게
모래 위에 감당하기 힘든 감정들을 적어
자국을 내어 봅니다.

그리곤 즐거운 감정의 파도를
불러일으켜 봅시다.

잘 가렴
부드럽고 여유롭게 흘러오는 파도로
쓸어가 주려무나

쓸고 간 자리엔
자국 없는
본래의 존재 모습이 보이네요.

귀 기울이는 시간

하루 중 내면의 목소리에
귀를 기울여 보는 시간이
얼마나 되는지 생각해봅시다.

생각보다 시간이
길지 않을 수 있습니다.

늘 눈치를 살피며
배려심이 너무 깊어
자신보다 상대를 생각하느라

정작 스스로를 챙기지 못한
순간들이 많을 수 있습니다.

편한 옷을 챙겨 입고
가장 마음이 평온해지는 공간으로 가봅니다.

그곳에서 온전히
나를 위한 시간을 가져봅시다.

자신을 배려하며
스스로에게 눈치를 보며

내면의 목소리에
귀를 기울이는 시간을

더욱 늘려가는 나날들을
만들어 가보아요. 우리.

시선 속에 갇힌 나

세상의 시선들은
요구되는 것들이 많기도 합니다.

더 예쁘고 멋지며
남들보다 잘나 보여야 한다며
요구하는 체크 리스트는
점점 늘어갑니다.

그들이 추구하는 갇힌 시선에
나를 꿰맞추어 가는 시간들이 많아지네요.

피로합니다.

각자의 개성보다 더 중요시된
'획일화'

다름을 인정하기란
오랜 시간이 걸리나 봅니다.

그들의 시선 속 갇힌
내가 더욱 안쓰럽습니다.

푸른 안개

푸르스름한
안개가 자욱하게 깔린 새벽

주변 소리는 차단되어
세상에 잠시
혼자 서있는 느낌입니다.

조용한 시간
혼자 사색하기 좋기도 합니다.

푸른 안개가
나를 가리우며

아침이 오기 전
느려진 잠깐의 시간을
사뿐히 걷고 있는 기분으로

평소 전하지 못한 이야기를
푸른 안개에 빌려
적어 내려가 보기도 합니다.

툭툭 털어내어 보니
평온해집니다.

평온함을 안겨주는
푸른 안개의 시간이 기다려집니다.

그림자

가끔은 그림자에 숨어
지나가고 싶습니다.

눈에 띄지 않고 조용하게
슬픔도 아픔도 그림자에 숨겨져

아무도 모르게
지나가 버리면 좋겠습니다.

어두움으로 지나간 것은
훌훌 털어버리며

힘든 건 그림자에
맡겨두고 싶습니다.

본연의 모습은 밝은 곳으로
나아가고 싶은 마음입니다.

끊임없이 흔들리는 마음

하루에도 수십 번
요동치는 마음이라도
괜찮습니다.

아침에 눈을 떴을 때
하루를 시작하는 상쾌한 기분이
시간이 흘러 낮이 되니

좋았던 기분이
금방 싫증이 나기도 합니다.

하루 동안이라도
고요한 바다의 지평선같이
감정선이 평온하길
바라기도 합니다.

생각이 너무 많아서
끊임없이 흔들리는 마음을 살펴보느라
때론 지치기도 합니다.

시끌벅적한 마음과 감정이지만
그래도 괜찮습니다.

당신이 그만큼 섬세한 시선으로
세상을 바라보아 느껴지는 거니깐요.

계획대로 되지 않을 때

가끔은 원치 않게 일의 순서가
뒤죽박죽될 때가 있습니다.

꼬여진 매듭을
어디서부터
풀어가야 할지
막막하기도 합니다.

이럴 땐 차근차근
할 수 있는 것부터
풀어가 보도록 합시다.

속도에 강박을 두지 않은 채
나의 속도대로 해봅시다.

할 수 있습니다.

조급함을 잠시 접어두고
멀리서 객관적인 시선으로 바라봅니다.

계획대로 진행되지 않던
이야기들도
최선을 다해본다면.

혹여 만족스러운 결과를
얻지 못하더라도

나의 속도,
나의 방식대로
최선을 다한다면.

이미 충분히 잘하고 있습니다.
스스로를 조금 더 믿어 주길 바랍니다.

안 하는 용기

하고 싶은 일들만
할 수는 없다는 이야기를
종종 듣기도 합니다.

사실 더 외치고 싶은 말이 있습니다.

하고 싶지 않은 일은
안 하고 싶습니다.

그런 용기를 갖고 싶습니다.

싫은 사람들을 마주하지 않아도,
굳이 힘을 내어 싫은 일을
마주하지 않아도 되는 여유

그런 내면이 강한 존재가
되고 싶습니다.

여린 어른도 괜찮습니다

감정에 예민하며
생각이 많아 눈치만 보는
여린 어른이 된 것 같습니다.

그래도 괜찮습니다.

예민한 만큼 상대의 감정을
세심하게 느끼며

눈치를 보는 만큼
불편한 공기를 평안하게 만드는
재주가 있으니깐요.

상처가 깊이 나 아파한 만큼
사실은 그 누구보다
따스한 존재라서 그렇습니다.

성장통을 겪는 중입니다

조금이라도 나아지고자 하는 마음이 있다면
거기서부터 시작해도 늦지 않았다고
말을 건네주고 싶습니다.

멈춰 있지 않고 내면의 모습을
어떻게 발전시킬지 고민하느라
잠 못 드는 나날들이 많기도 합니다.

하루를 소중히 여기며
수많은 노력의 흔적들로 채워갑니다.

자신에게 더욱 엄격해져
피로감이 쌓이기도 합니다.

그런 성장통이라면 앞으로도
진행형으로 남겨두고 싶습니다.

좋아함과 두려움

좋아하던 일들이 현실 속 직업이 된다면
먼저는 두려운 감정이 앞서기도 합니다.

순수한 열정이 현실에 부딪혀
더 이상 좋아하지 않게 될까 봐

계산적으로만 생각하고
두근거렸던 감정은 무뎌져
무덤덤한 모습이 될까 봐

선택의 기로에서 많은 고민과
생각이 스쳐 지나갑니다.

그래도 당신에게 말을 건네봅니다.

좋아하는 일들로 가득히
채워가는 용기를 냈으면 좋겠습니다.

명상

차분히 눈을 감고
온전히 호흡에 집중해 봅니다.

생각의 꼬리를 물며
기발한 상상력으로
집중이 깨어지기도 합니다.

쉽지는 않습니다.

몸이 흔들거리며
집중의 눈살이
찌푸려지기도 합니다.

그래도 꾸준히 연습해 보려 합니다.

생각 정리 정돈의
달인이 되고 싶습니다.

겨울 아이

겨울의 아이는
오늘도 여전히 조심스럽습니다.

메마른 감정이 혹여나 누군가에게
상처를 주지는 않을까 되뇌며
칼바람 부는 마음의 겨울을
애써 외면해 봅니다.

아이는 자신만 겨울이고 싶다며
당신의 추위를 가져가고자
자신의 장갑을 기꺼이 내어주는 '겨울 아이'

안쓰럽습니다.

잠시라도 마음의 겨울잠을 통해
스스로에게 돌봐줄 시간을 가져보길
바라는 마음이 듭니다.

곧 금이 갈 것 같은 얼음판 위를 걷듯
아슬아슬한 하루가 아니라

스케이트를 타도 끄떡없는
겨울 아이가 되길 응원합니다.

공간

눈치 보지 않고
쉼을 청해 볼 수 있는

각자의 마음에
와 닿는 공간들이 있습니다.

편안함의 공기로 가득하여
향긋한 향기로 반갑게 맞이해 줍니다.

당신의 휴식 공간은
어디이신가요.

그곳에선 평온한 쉼이
가득했으면 좋겠습니다.

불안이 찾아온 밤

나름대로 열심히
앞만 보고 가고 있다가

늦지 않겠다며 허덕이고 있는
모습을 마주하게 되면
놀라서 걸음이 멈추어집니다.

바라던 모습이 이랬던가
원하던 모습이 이게 맞는 건가

이러려고
여태 쉬지 않고 달려왔나
의문이 들 때가 있습니다.

스멀스멀
그 의문은 불안으로 퍼져가

자욱한 안개가 되어
밤을 덮어 버리기도 합니다.

그런 날은 유독 고독한 밤이 됩니다.

놓아주기

왜 그랬을까
그러지 말걸

잠들기 전 후회와 아쉬움으로
가득히 이불을 덮는 순간들이
있기도 합니다.

미련 가득한
떨리는 마음의 목소리로
속은 시끄럽습니다.

내일의 나를 응원해 줄 수 있게
놓아주는 훈련도 필요합니다.

후회만 가득하여
다가올 기회를 가리지 않도록

감정의 집착증을 벗어나
비우고 내려놓아
다시 한번 도전에 집중해 보는 겁니다.

마음속에 비밀의 화원

각자의 말 못 할
고민거리가 있습니다.

가벼운 고민거리에서
무거운 고민거리까지

아무도 듣지 못하고 혹여나
새어나가 상처로 돌아오지 않는,

마음속 싱그러운 나무들과
아름다운 꽃들이 가득한,
비밀의 화원 속에서 오늘도 외쳐봅니다.

힘들다고, 가만히 두라고
상처가 아물지 않았다며
마음껏 소리를 질러봅니다.

주목받기 힘들 때

예기치 못한 상황 속에서
주목을 받게 되면 몸이 떨려옵니다.

호흡이 빨라지고
심장이 두근거리며
양 볼은 불그스름해집니다.

초조해진 감정을 애써
숨겨 보고 싶지만 쉽지 않습니다.

행여 누군가에게 들킬까 봐
황급히 몸을 숨겨보려고도 합니다.

그 모습은 참 귀엽습니다.

그러니 스스로를
너그러이 이해해 주면 좋겠습니다.

눈물부터 먼저 나올 때

억울합니다.

결코 슬퍼서 나는
눈물이 아닙니다.

감정이 앞서니
눈물부터 그저 흐를 뿐입니다.

말재주가 많은 편이 아니라
느낀 감정에 대한 이유를
조리 있게 설명하지 못해서
답답하기도 합니다.

잠시 시간이 필요합니다.

슬픔이 아닌 눈물을 추스르며
생각의 표현법을 정리할 수 있는 시간.

숨 한번 고르면
건네고 싶었던 이야기를
풀어 드릴 겁니다.

꾸준함

꾸준함은 강력한 무기입니다.

축적되면 누구보다
내공이 강해질 겁니다.

결과에 대한 걱정과
근심은 잠시 접어두고
묵묵히 할 일을 해나가면 됩니다.

처음에 비웃던 사람들도
나중엔 부러움의 시선으로
바라볼 겁니다.

길고 짧은 건 역시
대봐야 알게 되니깐요.

그러니 함께 힘내봅시다.

소중하고 아끼는 감정들

시작 전 약간의 설렘
도전 속에서 오는 두근거림

새로운 걸 알아가는 즐거움
결이 맞는 이들과의 대화에서 오는 평온함

아끼는 감정들을 모아서
추억의 저장 창고에 잘 간직해 둡니다.

잠깐 주춤거리거나
피로에 쌓여 지쳐 있을 때
하나씩 꺼내 보아 에너지를 채워갑니다.

아끼는 소중한 감정들입니다.

당신의 저장 창고엔
어떤 감정들이 있나요.

좋아함으로 시작된

새로운 것에 대한 시도는
좋아함에서 시작하나 봅니다.

왜 하는지에 관한 질문엔
그저, 좋아서요.
라고 답해 봅니다.

좋아합니다.
그러니 잘해보고 싶습니다.

두근거림은 동기부여에
강력한 힘이 됩니다.

당신은 어떤 것에 두근거리시나요.

저마다의 아픈 손가락

보고 있으면 괜스레
안쓰럽고 아련해집니다.

어디 하나 다칠까 봐
노심초사하고 마음이 쓰입니다

그 누구보다 응원하는 마음이
커서 그런가 봅니다.

걱정이 크더라도
부족해 보일지라도
묵묵히 지켜봐 주시면 좋겠습니다.

이미 고마움을 잘 알기에
보답하고 싶어 고군분투하는 중이니
조금은 기다려 주시면 좋겠습니다.

이제야 울어봅니다

참고 참았던
설움을 토해내 봅니다.

가슴이 저려와
통증으로 느껴질 만큼

이미 떠나간 버린 기회도 시간도
미련 없이 보내줄 차례입니다.

이제야 보내줄 용기가
생기나 봅니다.

이제 참지 않아도 됩니다.
울고 싶으면 울어도 괜찮습니다.

알 수 없는 감정

좋은지 싫은지 스스로
가늠하기 힘들 때가 있습니다.

좋기도 하면서도
싫기도 하는
느낌이 들면 묘합니다.

애증의 관계가
그런 감정을 들게 합니다.

정의 내리기 힘든 감정으로
헷갈릴 때가 많습니다.

감정을 다스리기 어렵지만
그만큼 많은 생각을 들게 하니
감정 공부하기엔 탁월한 것 같습니다.

감정을 숨기고 싶을 순간

얼마나 깊은지
가늠하기가 쉽지 않습니다.

상처로 뒤덮인 헝클어진 감정들.

어디서부터 풀어가야 하는지
잘 모르겠습니다.

밝은 웃음 뒤 어둡고 차가운
내면의 이야기로 가득합니다.

폭풍우로 쏟아져 버린 감정들로
홀로 새벽을 지새우기도 합니다.

꾸역꾸역
참고 참아봅니다.

때론 과분하게도
어떠한 위로와 공감이
부담이 될 때가 있습니다.

아침이 오면 좋은 포장지로 골라
감정을 예쁘게 포장해 문밖을 나서봅니다.
가끔은 그런 날도 있을 수 있습니다.

그러니 애써 감정을
힘들게 부정하지 않으셔도 됩니다.

자연스러운 순간들이니
지나가게 두셔도 좋을 것 같습니다.

아스라이 같던 감정들

아스라이 같던 감정 표현들도
서툴렀던 모습들도

경험이 쌓이면
능숙해지기도 합니다.

그러니 다양한 경험들로
내공을 다져보고 싶습니다.

새로운 경험을 통해
흐릿해진 감정선들이
더욱 선명해집니다.

뚜렷한 색채감을 지닌 감정들로
채워나가고 싶은 요즘입니다.

독백으로 채우는 새벽

새벽엔 유독 감성이
풍부해지는 것 같습니다.

조용함에서
오는 집중력이 있습니다.

더욱 내면을 들여다보게 됩니다.

오늘 어떤 하루를 보냈는지
되뇌면 쉽사리 잠이 오지 않기도 하지만

독백으로 채워가는 새벽 감성이
꽤 근사하기도 합니다.

기억

기억이 잘 나지 않을 때가 있습니다.

어릴 적 누구보다 친했던
단짝이었지만 그 아이의 이름이

세월이 지나 사회 속
호칭들로 채워가다 보니
기억이 가물가물하기도 합니다.

칭찬받고 온종일
웃음이 새어 나왔던
순수한 감정이

걱정 근심으로 가득한
굳은 입술이 되니
그때의 즐거운 감정들은
기억에서 흐릿해집니다.

희미해진 기억들이
아쉽기도 하지만

앞으로 좋은
감정들, 추억들, 인연들

기억할 수 있을 때까지
기억해 보려 합니다.

2장. 빛나지 않는 윤슬을 보았나요.

반짝반짝 빛나는
그 자체만으로도
빛나는 존재입니다.

뜻하지 않는 일과 운때가 맞지 않아
잠시 동안 어둠으로 가려워진다 해도

어두운 밤이라도 '바다의 윤슬'
존재 자태는 잃지 않듯

당신의 빛도
순수히 지켜 내어갑니다.

- 존재함이 빛나는 윤슬

시선이 닿는 또 하나의 언어

서로 오가는 대화 소리
가끔 찾아오는 녀석이 있습니다.

투명한 묶음의 소리
묵묵히 그 시간을 이어가 봅시다.

한번은 쉬어 가보자며
'쉼표'로 정의하여 보니
하나의 언어가 되어갑니다.

고요함의 소리의 성질
온전히 받아들이며

잠시의 안온함으로
공간을 채워봅니다.

잔잔히 퍼져가는 그 분위기에
당신의 따스한 미소에 대답하며
같은 속도로 보폭을 맞추어 가봅니다.

말소리만 소리의 공간이 아닌 것이
우리만의 시선이 닿는 아는 비밀로

침묵의 시간을 통해
'쉼표'의 소리를 가득히 담아내는
나날들을 기약하며

당신과 마주할 내일이 기대되는
오늘을 보내봅니다.

대화의 결이 소중한 인연들

하루에도 수없이
오고 가는 말소리

스쳐 지나가는 대화 중
각인된 문장은
무엇일지 생각해 봅니다.

무심결에 뱉은 말이라도
섬세히 기억하며
생산적인 대화로 흘러가는

그런 순간들은
참 고귀한 대화입니다.

서로에게 영감과 귀감이 되어
배워가는 시간이 됩니다.

참 좋습니다.
대화의 결이 소중하고
아끼는 인연들입니다.

그 인연들로 가득히
채워졌으면 하는 요즘입니다.

짙은 향을 남기는 존재

취향의 향기가
짙은 존재를 마주하게 되면
시선을 사로잡게 됩니다.

짙은 향이 배기까지
보이지 않는 노력이 숭고해서
멋진 존재라는 생각이 듭니다.

부럽기도 합니다.

나는 누군가에게
짙은 향이 묻어나는 존재인가
스스로 되뇌며 생각해 봅니다.

노력의 좋은 향을 남길 수 있도록
나를 공부하는 시간을 늘려 보려 합니다.

당신은,
어떤 향을 남기는 존재이신가요.

말이 없는 게 아닙니다

말수가 적다고
이야기를 들을 때가 있나요.

때론 말로 거창하게
표현하지 않아도

행동으로 실행하는
이들이 있습니다.

말이 없다는 건 그만큼
신중함과 진중함이
많다는 생각이 듭니다.

말의 무게를 누구보다 잘 알기에
쉽게 말을 뱉지 않습니다.

말수가 없다며
투덜거리는 이들에게.

"아마 당신에게 하고 싶지 않은
말들이 많은 것 같습니다."

괜찮지 않습니다

괜찮아, 괜찮습니다
라는 말을 자주 하는 사람들을
유심히 봐야 됩니다.

사람들의 질문 속에서
미세하게 떨려오는 미소를 장착하며
늘 괜찮다고 이야기합니다.

당신의 걱정을 덜어주고 싶어서
작은 배려로 시작한 마음이

어느새 늘 괜찮아야만 하는
존재가 될까 봐

두려움이
앞서기도 합니다.

사실 괜찮지 않기도 합니다.
하고 싶지 않고, 거절하고 싶습니다.

애써 밝은 표정으로 그들을 맞이하는
가면의 겉모습이 가증스럽기도 합니다.

스스로 지쳐가기도 합니다.

그러니, 늘 괜찮다고
이야기하는 이들이 있으면

진짜 괜찮은 건지
다정히 다시 물어봐 주세요.

자연의 소리로 충전

무엇이 이득이고 손해인지
따지는 관계 속에서
많은 시간을 보내다 보면

모든 게 소음이라고
느껴지는 순간이 찾아옵니다.

나의 숨소리마저
거슬리는 순간이 찾아오면

눈을 지그시 감고
자연의 소리로 채워야겠습니다.

바람결의 숨이 불어와
잎사귀끼리 재잘거리는 소리

산속에서 흐르는
맑고 깨끗한 물줄기로
돌멩이들끼리 인사하는 소리

소음으로 가득했던 지친 마음을
아낌없이 휴식을 주는
자연의 소리로 충전하고 갑니다.

입체적으로 보는 연습

저런 모습이 있었구나,
그동안 오해를 하고 있었구나
하는 순간들이 있습니다.

잘 알고 있는 사이라
생각했던 관계일수록

새로운 모습들을
발견하는 순간들이 많습니다.

그렇다는 건
연습해야겠네요.

입체적으로
주변을 바라보기.

가까운 사이라며
다 안다고 단정 짓지 말며

더 다정하고
세밀한 시선으로 살펴봅시다.

귀여운 작은 허세

가끔은 잘 보이고 싶은
순간들이 있습니다.

매운 것을 잘 먹지 못하지만
오늘만큼은 잘 먹을 수 있다며

같이 매운 음식을 먹으며
스트레스를 풀어봅니다.

평소 힘이 넘치지 않지만
숨겨둔 힘이 세다며

당신의 무거운 짐을 가로채
힘껏 들어 올려봅니다.

취향을 기억해서 소소한 선물로
별거 아니라며 무심한 듯

툭 건네주며
깜짝 이벤트를 하기도 합니다.

당신에게서 감동한 모습이 비치면
멋쩍은 미소를 띠기도 합니다.

몸에 밴 자연스러운 배려심과 친절함이
그들에게 스며드는 모습들을 보고 있자면
괜스레 기분이 좋아집니다.

그들에게 얘기해주고 싶습니다.

당신과 친해지고 싶어서
잘 보이려는 마음입니다.

그러니 귀여운 작은 허세로
봐주시면 감사하겠습니다.

유머러스한 사람

유머러스한 사람은
관찰력이 높습니다.

상대방의 반응을
빠르게 살펴보아

불편했던 분위기에 유머를 건네며
금방 분위기를 편안하게 해줍니다.

유머러스한 사람은
겸손함이 묻어납니다.

상대방의 장점을 높이 사며
자신의 부족함은
유머로 풀어갑니다.

지능이 높은 유머러스함,
배우고 싶습니다.

세월이 흐를수록
더욱 유머가 짙은 존재가
되고 싶습니다.

안부

인사를 건네며 밥은 먹었냐고
안부를 물어봅니다.

실질적인 식사의 여부뿐만 아니라
사실은 당신의 평안함을 알고 싶어
안부를 전해봅니다.

함께 있어 주지 못한 아쉬움을 담아봅니다.

맛있는 것을 잘 챙겨 먹으라며
당신의 건강도 안부에 담아 건네어 봅니다.

헤어질 때도 밥 한 끼 먹자며
당신과 다음을 기약하고 싶음을 담아
안부 인사로 건네어 봅니다.

추억

추억으로 먹고 산다는 말이 있습니다.

피로에 쌓여 다소 힘이 들 때면
웃음이 가득했던 추억거리를 꺼내어
힘을 내어보기도 합니다.

지쳐 넘어져 주저앉아 있을 때도
손 내밀어 응원해주었던

고마운 인연들의 추억들로
다시 도전해 보려 합니다.

별거 아니라며 툭 어깨를 토닥이는
위로와 따스한 온도들.

원동력이 되는 추억들입니다.

그런 추억들을 먹고사는
추억쟁이가 되어보려 합니다.

진정한 어른의 모습

나이로 누르는 어른이 아닌
사소한 부분까지 배려하며
편안한 대화의 결에서 묻어나는 어른

가짜 어른 행세로
대접받으려고 애쓰는 게 아닌

부족함을 인정하며
반짝거리는 눈빛으로
호기심이 가득한 어른

질문 하나 건네봅니다.

당신은 어떠한 어른이신가요.

소음에 지친 적이 있으신가요

가끔은 아무 소리도
듣고 싶지 않은
순간들이 있습니다.

모든 게 소음으로
세상이 조용해졌으면
좋겠다는 생각도 듭니다.

고요히 외부를 차단한 공기가
위로가 되는 순간들

지쳐서 그럴 수 있습니다.

그런 순간을 마주한다면
이기적이라도
나의 소리에만 집중해 봅시다.

당신에게 스며든 나

혼자 써 내려가던
일기에 불과했던 단어
혼잣말로 읊조렸던 문장

당신을 마주한 순간부터
어설펐던 감정의 단어가
완성된 문단, 글이 되었습니다.

당신에게 스며든 나의 세상은
더 이상 흑백이 아닌
색채감으로 물들인 현실이 되었습니다.

누군가 혹은 무언가를
좋아하는 설렘의 감정은

참 고귀하네요.

빛나는 조연

화려해 보이는
주인공이 아니어도 좋습니다.

주변을 빛낼 수 있는
여유를 지닌 조연이 더 멋스럽습니다.

지성에서 오는
농도 짙은 배려심

어려운 역할입니다.
아무나 할 수도 없습니다.

빛나는 조연의 주인공.

매력적인 배역은
누가 되어보겠습니까.

감정의 모순

좋기도 하면서
싫기도 할 때가 있습니다.

그런 모습이 스스로
납득이 되지 않기도 합니다.

감정의 모순.

너무 좋아해서
기대가 커진 마음 때문에
그럴 수도 있습니다.

소중한 마음이니
상처로 채워가지 않도록
우리 같이 노력해 보아요.

비교

남과 나를 비교하는 시간을
늘리지 않습니다.

오로지 나와 나를 비교하며
어제와 나와
오늘의 나를 비교해보며

또, 내일의 나와
미래의 나를 비교하며
나아짐에 집중해 보려 합니다.

남과 비교하여 소모되는 감정들을
나를 위해 쏟아부어 봅시다.

호칭

여러 가지 호칭들이 있습니다.

불리는 호칭에 따라
역할도 나눠지게 됩니다.

사회 속에서 요구하는 호칭
가족 구성원으로 요구하는 호칭

강요된 호칭이 아닌
호칭을 애칭으로
애정 가득한 이름으로

조금은 멋스럽고
어여쁜 존재함의
이름으로 불리고 싶습니다.

빌런

이야기를 더욱
풍성하게 해주는
역할이 있습니다.

빌런이 없다면
지루한 이야기가
될 수도 있습니다.

가끔은 나를 지킬 수 있는
역할을 맡고 싶습니다.

늘 착해야만 하는 역할이 아닌
남에게 피해 주지 않는 선에서
자신부터 생각하고 챙기는 캐릭터

해로운 말은 걸러내고
당당히 소신껏 이야기하며

맡은 바 임무를
최선을 다해내는 캐릭터

그런 매력적인 빌런이
되어보겠습니다.

따로 계산해 두지 않습니다

당신을 처음 만났을 때부터
이미 반했습니다.

좋아함에 있어
소요되는 것을
따로 계산해 두진 않습니다.

시간, 비용, 열정.

당신을 위해 쏟는
모든 것이 아깝지 않았습니다.

그러니 그대도
나와 같은 마음이
있었으면 좋겠습니다.

무례함 말고 무해함으로

대화 속 무례함을 마주치곤 합니다.

찰나의 순간이지만
영원한 이미지로
흔적이 남기도 합니다.

같이 있으면 즐겁고
애써 말을 이어가는 수고함 없이
편안한 분위기를 자아내고 싶습니다.

날을 한껏 세워야 하는 '무례함' 말고
미소를 머금을 수 있는 '무해함'으로

기억되고 싶습니다.

누가 악당 역할일까요

악당 역을 자처하는 이들이 있습니다.

하고 싶은 말을 주저하는 이들을 위해
그런 마음을 누구보다 먼저 알아채어
손 내밀며 함께 목소리를 높여줍니다.

부당한 대우를 받는 경우를
목격이라도 하게 되면
그냥 지나치지 못합니다.

이런 모습들이 유난이라며
목소리가 커서 피곤하지 않겠냐며
다 너를 위해 하는 말이라며

걱정으로 포장한 오지랖을
부리는 이들도 있습니다.

묻고 싶습니다.

누가 악당의 역할을
하고 있는 걸까요.

시너지

좋은 관계란 무엇일지
곰곰이 생각해 봅니다.

혼자 있어도 충분히
빛나는 존재들이
서로 협력하여 더욱 찬란한
빛을 낼 수 있는 관계

각자의 고유의 색을 잃지 않고
서로의 색이 조화로워
다양한 색채감을 품어내는 관계

예쁜 관계를 만들어 보고 싶습니다.
노력해 봅시다.

서로에게 도움을 주고받을 수 있는
존재가 되어봅시다.

가장 아끼는 존재는 나입니다

미디어의 화려한 모습에
자꾸 남과 비교하는 나를
발견할 때가 있습니다.

보여주는 이미지를 중요시하며
있는 그대로 표현하는 게
어렵게만 느껴집니다.

괜찮습니다.

다만 너무 지쳐
피로감이 쌓여 넘치기 전에
내가 나를 아껴주면 됩니다.

스스로를 더욱 의식하고
어제, 오늘, 내일의 나를 비교하며
지금을 충실히 보내면 됩니다.

잊지 말아요,

제일 아껴주는 존재는
'나'입니다.

온도의 차이

저마다 온도가 다릅니다.

무언가를 좋아하는
농도의 온도 차

감정 변화에 느껴지는
온도의 차이도 다양합니다.

결이 맞는 사이에서는
온도가 잘 어울려지거나
온도의 차를 서로 보완해 줍니다.

이왕이면 온도의 결이 맞는 이들로
주변을 가득히 채워갔으면 좋겠습니다.

공감 능력

상대의 분위기를 빠르게 이해하여
함께 감정의 교류를 합니다.

쉽지 않습니다.
어렵기도 합니다.

이해했다고 느꼈던 생각들이
와장창 깨어지기도 합니다.

나름의 해석이 다를 수도 있습니다.
그래도 당신을 이해해 보고 싶습니다.

그날의 감정, 분위기, 생각들

함께 공유하며
친밀감을 형성해 보고 싶습니다.

귀여운 게 좋습니다

귀여움에 한없이
약해지기도 합니다.

귀엽다는 의미에
하고 싶은 감정을
가득 담아보기도 합니다.

많은 의미가 담겨 있으니
해석하기 나름일 겁니다.

티 내지 않고 좋아함을
표현할 수 있는 문장

귀여운 게 좋습니다.

당신은 어떠신가요.

당연한 건 없습니다

당연히 이해할 거야
예전에는 안 그랬잖아

이기적인 말로
상처를 주지 않도록 합시다.

항상 내 편이
되어 주는 게 당연하듯이

상대를 당연하다고
여기지 않도록 주의합시다.

바라는 걸 요구하기 전에
나는 누군가에게
진심 어린 위로를 건넬 수 있는
마음의 여유가 있는지 생각해봅시다.

당연한 건 없습니다.

배려의 감사함을 잊지 않도록
이기적인 마음이 들지 않도록
늘 경계하는 마음으로

당신의 노력과 수고함으로
편안할 수 있다는 걸
잊지 않도록 하겠습니다.

거리두기

적당한 거리를 두고 있는 게
오히려 편합니다.

적정선을 넘지 않으며
서로 존중하는 관계

조심스럽게 들여다보며
억지스럽지 않은 사이입니다.

함부로 선을 밟지 않으며
배려하는 선의 관계는

소중한 인연들입니다.

이제야 이해가 됩니다

어릴 때는 몰랐습니다.

어른들의 말이 무슨 뜻인지
왜 좋을 때라며 부러워하시는 지
이해가 안 됐습니다.

빨리 어른이 되면
좋을 텐데라는
생각뿐이었습니다.

왜 어린아이를 부러워하는지
세월이 지나 보니
그 말을 읊조리는 나를 발견해 봅니다.

지금의 모습을 누군가에겐
부러워할지도 모르겠습니다.

그 누군가는 아마
미래의 '나'일 겁니다.

이제야 이해가 됩니다.

지금의 순간이
얼마나 중요하고 소중한지

미래의 내가 나를 부러워하는
이 순간을 즐겁게 보내도록 합시다.

원인을 분석해 봅니다

분석해 보는 습관이 있습니다.

왜 그랬을까
그렇게 할 수밖에 없는
원인은 무엇일까

전혀 이해되지 않는 상황 속에서
상대의 행동을 생각해보며
단번에 이해하기란 어렵기도 합니다.

시간이 필요합니다.

형식적인 공감이 아닌
깊은 내부를 이해하기 위해서
오늘도 원인을 분석해 봅니다.

당신을 더 이해하기 위한 나의 배려입니다.

그랬구나, 그랬었구나

그랬구나, 그랬었구나.
공감의 말은 큰 힘을 지니고 있습니다.

감정을 앞세워
씩씩거렸던 상대도

눈을 맞추어 고개를 끄덕이면
감정을 공감해 주며
그랬었군요라고 해봅니다.

상대는 어느새 차분해지며
감정보단 이성적으로 생각해보며
자신의 상황을 설명해 줍니다.

사실은 누군가의 따뜻한 시선과
공감이 필요했었는지도 모르겠습니다.

당신의 응원가

당신이 선택함에
무엇이 되었든지
응원하고 싶습니다.

결정함에 있어
그럴만한 이유가 반드시 있으니
충분히 잘하였다며 응원할 겁니다.

늘 좋은 결과를
보이지 못하더라도 괜찮습니다.

다시 힘낼 수 있게
언제나 당신의 응원가입니다.

그러니 든든한 지원군을 믿고
자신을 더욱 사랑해주세요.
그거면 충분합니다.

오래오래 봅시다, 우리

함께 있으면
즐거운 인연들이 있습니다.

나의 이야기에
귀 기울여서 공감해주며

재치로 맞장구치는
당신이 재밌습니다.

서로의 호흡이 좋아서 그런가 봅니다.
우리 오래오래 봅시다.

좋은 인연을 유지하기 위해
서로 노력해 봅시다.

다정한 당신에게 스며들기

다정한 이들을
마주하면 기분이 좋습니다.

따스한 시선으로
속도의 보폭을 맞추어 갑니다.

친절함 속에서
섬세함이 묻어나서

다정한 당신 덕분에
무뚝뚝했던 나도 더욱 다정해집니다.

당신에게 스며드나 봅니다.

행운이 가득하길

어려운 문제를 마주치더라도
행운이 가득해서

해결점을 빠르게
모색하게 되었으면 좋겠습니다.

행운이 언제나 당신의 편이 되어
더욱 평온한 하루를 보내면 좋겠습니다.

걱정거리로 밤을 새우지 않게
근심 고민거리를 가져가도록 하겠습니다.

행운만 가득하여 당신의 웃음꽃이
떠나지 않기를 바랍니다.

언제나 아름다운 그대에게
행운이 가득했으면 좋겠습니다.

칭찬

칭찬하는 건 어렵지 않습니다.

배우고 싶은 모습들이
당신에게 많이 보여서
이야기를 나누면 됩니다.

일부러 힘을 내지 않아도
자연스럽게 매력들을 발견하게 됩니다.

반대로 칭찬받는 입장에서는
안절부절 못하기도 합니다.

가끔은 그 말이 진심일까 싶어서
그냥 하는 말이니 너무 많은 의미를 두지 말자며
스스로 진정시킵니다.

쑥스러워서 그렇습니다.

당신의 섬세함으로
장점으로 바라봐 주는 시선이
고맙고 몸 둘 바 몰라 그렇습니다.

수줍음이 많아서 그런 거니
더 이상 어색하게만 느껴지지 않게
많은 칭찬을 해주시면 좋겠습니다.

존재함이 빛나는 윤슬

반짝반짝 빛나는
그 자체만으로도
빛나는 존재입니다.

뜻하지 않는 일과 운때가 맞지 않아
잠시 동안 어둠으로 가려워진다 해도

어두운 밤이라도 바다의 윤슬
존재 자태는 잃지 않듯
당신의 빛도 순수히 지켜 내어갑니다.

언젠간 고유한 빛이 더욱 밝혀와
주변을 자연스럽게 빛에 스며들게 할 겁니다.

당신의 존재함은 윤슬입니다.

3장. 썰물을 타고 바다로 나아갑니다.

돛을 바람에 맡기어
더 멀리 나아가고자 합니다.

바람의 결을 잘 이해하지 못해 오해하면
방향이 틀어지기도 합니다.

바람처럼 예민한 자신이라도
이런 나를 좋아하며 이해하며

돛단배의 바다를 향해 나아가는 것처럼
넓은 세상 속에서 나아가며
성장하고 싶습니다.

- 돛단배

시간을 아끼고 싶습니다

흐릿해진 눈동자가 아닌
또렷한 시선으로 나를 마주해봅니다.

갇힌 세상 속에서
고유의 색채감과 향기를
잃어가지 않도록

나를 찾는 시간을 가져봅시다.

기대되는 내일
이제는 소중한 시간을
아끼고 싶습니다.

이야기를 담는 하늘

시간의 흐름
보는 이에 시선에 따라

같은 구름의 모양이라도
저마다 다르게 느껴지기도 합니다.

하늘이라는 그릇 안에
각자의 사연들로 의미를 담아봅니다.

구름 모양으로 빗대어
누구에게도 쉽사리 꺼내지 못한
이야기로 채워갑니다.

하늘은 그런 우리에게
다정히 위로를 건네줍니다.

조금 모나도
흐트러진 하루라도 괜찮으니

있는 그대로도 살아가라며
다양한 구름으로 전해주네요.

따스히 하늘을 바라보는
순간들이 참 좋습니다.

다름을 이해하는 존재

고유의 향으로
시선을 사로잡는
커피가 참 좋습니다.

그런 존재를 질투라도 하듯
카페인을 부정하며
신호를 보내는 녀석들도 있네요.

이럴 때는 많이 난감합니다.

이런 상황들이 다 괜찮다며
서로를 이해해 주는 존재,
디카페인 커피가 있습니다.

부럽습니다.

다름을 인정하고
존중할 수 있는 멋진 존재.

디카페인 커피 같은
존재가 되고 싶습니다.

시작이 기대되는 오늘

매섭게 추운 바람이 부는
겨울이 지나면

반드시 따스한
산들바람을 스치게 됩니다.

잠시 움츠려 있던 풀잎들은
기지개를 켜며

싱그러운 풀 내음으로
환영해 줍니다.

시작 앞에서 두렵고 주춤거리던
추운 겨울이라도

겨울이 지나면 반드시 봄이 오듯
마음의 봄을 일으켜 용기 내어 봅시다.

할 수 있습니다.
정해진 답은 없습니다.

당신의 시작이 더욱 기대되는
오늘을 보내봅니다.

더 친하게 지내고 싶네요

어린 시절에는 바다의 감동이
크게 와 닿지 않은 적도 있었습니다.

코끝에 올라오는 비릿한 냄새
습한 온기와 친하지 않았던
시기가 있었습니다.

익숙함에 잘 몰랐나 봅니다.

계절의 바퀴가 몇 번 돌다 보니
이제는 세월의 흔적이 묻어난
바다의 깊음을 이해하고 싶고

평온한 모습의
바다가 그리워집니다.

그 자리를 묵묵히 지키는
모습과 비릿한 냄새는

도심 속에서
느껴온 갑갑했던 마음을
끌어안아 주네요.

시간의 흐름에 따라
또 어떠한 감정과 생각들을 느낄지
기대가 됩니다.

앞으로 더욱 친하게 지내요.
우리.

당신의 낭만은 무엇인가요

좋아하는 노래로 리듬을 타며
흥겨움으로 하루를 시작 해 봅니다.

마음에 와닿는 글귀로
동기부여를 하며

빠르게 흘러가는 일상 속에서
발길을 잠시 멈추어

구름의 제각각 모습들을
감상하는 여유로움을 챙겨봅니다.

세밀히 살펴보면 생각보다 많은,
소소한 낭만을 지닌 하루를 발견하게 됩니다.

당신은 어떤 낭만으로
하루를 채워나가고 있으신가요.

약간의 긴장감

낯선 공기에서 주는
묘한 긴장감이
꽤 근사하기도 합니다.

서투르지만 또 다른
나의 모습을 알아가게 됩니다.

약간의 긴장감으로
새로운 감정들로
채울 수 있는 기회가 됩니다.

시작의 설렘
앞으로 어떤 모습을 마주하게 될지
기대되니 기분이 참 좋습니다.

계절의 변화를 느끼는 요즘

무더위에 지쳐
여름만 남아있는 거냐며
투덜거리던 순간도

어느새 아침의 찬 공기를 맡게 되면
계절의 옷을 갈아입는 중이구나 싶습니다.

서늘함이 반가워지며
서둘러 변화에 발맞춰봅니다.

이제 한파가 시작되면
추위만 가득하냐며
투덜거릴 것 같습니다.

시간이 흘러 따스한 공기가 불어오면
새로운 계절을 맞이하는 순간도 마주하겠네요.

마음을 다잡아 봅니다

달력을 넘기는 속도가
속절없이 빠르게 흘러가는 요즘입니다.

시간 속에서 원하는 방향으로
나아가고 있는지 스스로 돌아보며
다시금 생각해 봅니다.

그저 지나가는 시간만 바라보고 있는지
아니면 하루를 의미 있게 보내고 있는지

아쉬움 없는 하루를 보낸다는 건
최선을 다해 시간을
맞이하는 날이라고 생각합니다.

쌓인 나날들은
삶의 밑거름이 될 겁니다.

다른 이들과 비교하는 하루들이 아닌
즐거움이 쌓인 하루들로 가득한
달력을 채워가고 싶습니다.

소소한 취향 저격

고유한 취향 저격 모습들이 있습니다.

예를 들면 우연히 정리되지 않는
책장 속 책들을 보게 되면
서로의 각을 보며 몰래 맞추어 봅니다.

가지런히 정리된 책장 속 모습을 보며
만족하듯 고개를 끄덕이며 뿌듯해합니다.

길을 걷다가 인형 뽑기 가게를
발견하게 되면 홀린 듯
인형 뽑기에 집중해 봅니다.

인형이 뽑히게 되는
순간을 마주하게 되면
순수한 어린아이가 된 것처럼
기쁨의 감정을 표합니다.

누군가에겐 이러한 모습들이
이해가 안 될 수도 있습니다.

굳이 각을 맞춰
애써 정리해야 되냐며

그 돈이면
인형을 몇 개라도 사겠다며

그래도 상관없습니다.

다른 이들과 취향이 달라도
오히려 좋습니다.

소소한 취향 저격으로
즐거움이 가득한
마음 부자가 될 거니깐요.

세상과 친해지기

빠름을 강조하며
결과의 시선을 주목하는
세상 속에 살고 있습니다.

조금이라도 늦어지면
도태된 존재가
된다고 자책을 일삼는 분위기

남들과 비교하는 삶으로
스스로를 무너트리며

서로가 서로에게 지적하며
남들보다 나은 내가 되려고 경쟁하는 삶

이제는 지겹네요.

속도도, 시선도
감히 제가 정하겠습니다.

기준이 '나'인 세상과
앞으로 친해지고 싶습니다.

나를 마주하기

여행을 다니다 보면
느끼는 감정들이 많습니다.

낯선 공간과 공기 속에서
처음 마주한 사람들과의 대화 속에서
새롭게 느끼는 감정들

생소함에서 오는, 늘 새롭게만
느낄 줄 알았던 감정들도
어느 순간 익숙해지기도 합니다.

낯선 과정을 반복했던 긴 여정들도
결국은 나를 발견하고자 했던
마음이 컸는지도 모르겠습니다.

계획대로 흘러가지 않을 때

기차 여행은 각자 저마다
목적지를 향해 나아갑니다.

정해둔 시간에 출발하고 도착하지만
가끔은 변수가 찾아와
예정된 시간에 도달하지 못할 때도 있습니다.

삶에서도 비슷한 모습을 발견합니다.

정해진 시간 내에 목적지에
도착할 줄 알았던 계획들이
가끔은 예상대로 흘러가지 않을 수 있습니다.

잠시 실망은 해도 좌절하지 마십시오.
결국은 목적지에 도달한 당신을 발견할 거니깐요.

포근한 파도

밀려들어 오는 파도를 보며
잠시 잡념을 지워봅니다.

발끝에 모래와 섞여
스며들어온 파도는
지친 하루를 덮어 줍니다.

따스히 위로해주는 파도에
집중하고 싶은 순간입니다.

제법, 포근하기도 하네요.

작은 세상 속

한 걸음
두 걸음

힘내어 산 정상으로
올라가 봅니다.

시원한 바람으로
뿌듯한 땀을 식히며
올라온 길을 내려다봅니다.

작고 작습니다.

왜 그리 아등바등 살았는지
생각이 많아집니다.

크게만 느껴졌던 일도
무겁게 느껴진 감정들도

멀리서 바라보니
조금은 가볍게,
다소 어렵지 않게 느껴집니다.

작은 세상 속
시끄럽지만은 않길 바랍니다.

바다에 비친 달

어릴 적 바다에 비친 달을
우연히 본 경험이 있습니다.

찬란한 빛에
시선이 압도된 기억

별을 품은 하늘을
바다가 마주하여 온전히 감싸 안으며

바라보는 눈빛은
윤슬의 빛으로 가득해집니다.

어떤 단어로 감탄을 자아내야 하는지
황홀하고도 아름다웠던 추억

벅찬 감동은 어른이 되어서도
잊혀지지 않네요.

자연이 선사한
선물 같은 감정

당신도 바다에 비친 달을
본 적이 있으신가요.

작은 불씨 하나로 시작

만족스럽지 않은 결과로
자신감은 위축된 어깨가 됩니다.

집으로 돌아가는 거리에서 가게의 창에 비친
웃음기 사라진 모습을 보니 가련해집니다.

괜찮습니다.

실수로 무너져 버릴 것 같았던
감정도, 세상도

마음속 작은 불씨 하나로
활활 붙는 장작불이 되는 건 순식간입니다.

우리, 다시 시작해 봅시다.

강해진 내가 해결한 겁니다

시간이 지나면
다 해결될 거라는 말속에

숨은 의미를
해석하고 싶습니다.

시간이 지나서
다 괜찮아진 게 아니라

시간이 지난 내가
더욱 견고해져 해결한 겁니다.

지금 당장 풀리지 않는 일이라도
잠시 남겨두어도 괜찮습니다.

내면이 강해져 갈
미래의 '나'의 모습에 더욱 기대가 됩니다.

나를 기록하고 계시나요

어떤 기록 방식이든 좋습니다.

현대인의 필수품
실용성과 속도감을 높여 줄
핸드폰의 메모장도 좋고

꿈적이는 감성을 추구하여
정성스럽게 쓰는 수첩의 손글씨도 좋습니다.

뭐든 좋습니다.

나만의 방식대로
성장지를 기록해 봅니다.

뿌듯해할 미래의 나에게
오늘이라는 선물로 차곡차곡 쌓아가 봅시다.

지적 허영심

유명하다고 하면
대체 '왜?'라며
궁금증을 참지 못합니다.

유행한다고 하면
뒤처지지 않기 위해서
자료를 찾아가며 책도 읽어 봅니다.

예민하고 호기심이 가득한
지적 허영심을 이용해 봅시다.

작은 허영의 마술을 부려
지적 풍족함으로 채워 가다 보면
결국은 누구에게 이득이 될지.

나아지는 나를 위한 지적 허영심이라면
한껏 빠져보고 싶습니다.

하루의 마무리

수업이 끝나거나
퇴근을 하게 되면

어떤 삶으로 하루를
마무리하고 있으신가요.

자기 계발하기에
시간이 부족하신가요

아니면 휴식으로 좋아하는 것을 하며
시간을 보내시나요.

잠들기 직전 하루를 마무리할 때는
어떤 감정과 생각들로 공간을 채우시나요.

어떠한 하루로 마무리하면 좋을지
정답은 없습니다.

그저 지금 하고 싶은 것을 하며
나를 위한 안온한 하루로
마무리됐으면 좋겠습니다.

오히려 좋습니다

요즘 좋아하는 문장이 있습니다.

'오히려 좋아'

말로 내뱉으면
눈빛도 반짝여집니다.

의도치 않은 방향으로 흘러가도
예상하지 못한 과정에서 마주할
새로움에 흥미가 돋습니다.

기대가 됩니다.

생각대로 되지 않아도
오히려 좋습니다.

타이밍을 맞추는 연습

연습이 필요합니다.

순간의 작은 감정이라도
소중히 여기는 습관

나의 타이밍을
귀하게 여기는 습관부터 길러 봅시다.

자신에 대한 공부는
좋은 타이밍이
무엇인지 자연스럽게
알게 해줄 겁니다.

오늘부터
연습해 봅시다.

회복 탄력성

지쳐도 괜찮습니다.
다쳐도 괜찮습니다.
상처가 많아도 괜찮습니다.

아픈 만큼, 힘든 만큼
성장할 부위가 크고
변화할 요소가 많아
기대가 됩니다.

약함을 인정한다고
약해지는 게 아닙니다.

부족함을 인정하는
것부터 시작입니다.

될 때까지 하는 오기로
마음의 맷집을 길러보는 겁니다.

충분합니다

의심의 고개를 들어 두고 온 게 생각나듯
자꾸 뒤를 돌아보지 않으셔도 괜찮습니다.

충분히 잘하고 있으니깐요.

부족한 것만 보여
괴로운 밤을 지새우며

단점만 보여
잔뜩 어깨가 움츠러들어도

최선을 다해 노력의 나날들을
달려온 당신이 자랑스럽습니다.

그러니 이미 충분합니다.

반복적인 삶 속, 녹여내기

학교, 집.
학교, 집.

직장, 집.
직장, 집.

반복적인 삶에서
나만의 공식을 만들어 가봅시다.

연마하고 단련하고 싶은 능력이 있다면
반복적인 삶에 녹여내어 봅시다.

반복의 힘은 예상보다 더
멋진 결과로 보일 겁니다.

당신의 반복으로 연마된 능력이
무엇일지 궁금하네요.

변화되는 세상

빠르게 성장하는 속도에
맞추는 게 어렵기도 합니다.

사람을 대체하는 로봇의 등장이
자리를 위협하지는 않을까
근심 걱정이 쌓이기도 합니다.

기술이 빠르게 성장한 만큼
고민거리가 많아지기도 합니다.

어렵지만 친해져 봅시다.
생각보다 재미있을 수 있습니다.

공부하는 동안 변화되는 나를
발견할 테니깐요.

계절을 담아낸 바다

계절마다 다름을
뚜렷하게 보여주는
바다가 아름답습니다.

있는 그대로를
표현해주는 바다를 보고 있으면
덤덤하게 위로해주는 것 같습니다.

이래서 답답한 마음이 들 때면
파도 소리를 듣고 싶고
바다의 평온함을 보고 싶고 하나 봅니다.

시간을 내어 듣고 싶고,
보고 싶은 계절을 담아내는
바다를 보러 가야겠습니다.

제목은 무제입니다

주제를 정하는 게 어렵기도 합니다.

많은 의미를 담고 싶은 마음 때문에
어느 하나로 특정하려니 쉽지 않기도 합니다.

미리 정해두면 편하고
빠른 길을 선택할 수도 있지만

정해진 길로만 가야됨에
답답하기도 합니다.

그래서 이번만큼은,
'제목은 무제'입니다.

춘분

봄을 나눈다는 뜻으로
낮과 밤의 길이가 같은 시기

당신의 낮
당신의 밤

어떻게 채워나가고 싶으신가요.

사람들 속에서도 빛나는
당신의 낮의 이야기

노력의 취향대로 감성이 가득한
당신의 밤의 이야기가 어우러져
찬란한 계절,

당신을 담아 봅니다.

캐럴

추억의 캐롤의 노래가
들리기 시작하면

한 해의 마무리가
성큼 다가왔나 하고 느껴집니다.

캐롤 소리를 품어낸 길거리엔
손발 꽁꽁 추위를
달콤한 간식거리들로 녹여줍니다.

매서운 찬 바람이 부는 겨울이지만
서로의 온기로 채워갈 수 있는
따스한 계절이기도 합니다.

신나는 캐롤과
따뜻한 감성으로 잘 마무리하여
싱그러운 봄을 맞이해 봅시다.

가방의 흔적

하루의 흔적들이
담겨 있습니다.

추억들이 깃들어
손길이 닿아 익숙함도 묻어 있습니다.

오늘의 이야기를 꾹꾹 담아
풀어 줄 수 있는
이야기꾼이 되기도 합니다.

오늘도
수고했어요.

당신의 내일의 흔적도
기대가 되는 오늘을 보내봅니다.

책의 향이 좋습니다

페이지를 넘겨질 때마다
풍겨오는 향이 있습니다.

오래된 책자의 고유한 향에서
새 책의 활자 냄새

모두 다 좋습니다.

평안해집니다.
언제든 쉬고 싶을 때 와서
읽어도 된다고

대화하고 싶을 땐
시간 공간 제약 없이 이야기를 나눌 수 있다며

든든한 마음이 드니
더욱 책의 향이 좋아지나 봅니다.

음악이 주는 힘

하루에 음악을
얼마나 들으시나요.

아침을 맞이하면서
하루를 마무리할 때까지
음악을 틀어 놓을 때가
자주 있습니다.

집중해서 듣기도 하고
흘러가게 두기도 합니다.

음악이 주는 힘은 큽니다.

위로도,
즐거움도,
새로운 자극들도 건네줍니다.

때론,
친구처럼
연인처럼
가족처럼

음악과
더욱 친해지고 싶습니다.

하늘이 선사한 선물, 노을

그 자태가 아름다워
멍하니 하늘을
바라볼 때가 있습니다.

찰나의 순간을 기억하고 싶어
서둘러 핸드폰을 꺼내
사진으로 기록해둡니다.

하늘이 선사한
선물인 거 같습니다.

노을, 보고 있으면
추억의 온도와 습도들이
떠오르기도 합니다.

노을이 지는 이 순간도
기억해두고 싶습니다.

당신과의
아름다운 추억을요.

산책

머릿속이 복잡할 때면
발길이 공원으로 향합니다.

걱정과 고민거리로
가득 차 있던
무거운 감정들

잠시 내려두고
공원의 풍경으로 채워 봅니다.

삼삼오오 모여
걷는 사람들의 재잘거림

빠른 걸음으로 운동의 호흡을
올리는 이들도 있습니다.

무겁게만 느껴졌던 마음의 공기가
활기찬 공원의 공기로 섞여져 갑니다.

위로를 건네주는 산책
언제나 참 좋습니다.

내일이 기대되는 오늘

너무 힘이 들어
이대로 내일을 맞이하기
힘든 날이 있기도 합니다.

너무 지쳐서 어떠한 말도
떠오르지 않을 때도 있습니다.

마음이 무거운 하루

고민들로 둘러쌓인 방에서
이불을 끝까지 뒤집어씌우며
읊조립니다.

사실 오늘보다 더 멋진
내일을 보내고 싶다고

지칠 대로 지쳤지만
내일이 기대되는 오늘로
마무리하고 싶다고

오늘보다 나은
내가 되고 싶다고 외치고 싶습니다.

망친 하루라고
단정하지 않아도 됩니다.

내일을 기대하는 마음으로
하루를 마무리해도 이미 멋진 하루입니다.

흔들리며 성장하나 봅니다

가장 힘들 때
가장 많이 성장한다는 말이 있습니다.

문득 지금이 그러한가
싶기도 합니다.

아픕니다.
많이 아파서 소리도 못 지를 만큼

그래도 아픈 만큼 더욱 성장해질
자신이 궁금하기도 합니다.

바람이 많이 불어
수없이 흔들리는 나무는

바람을 더욱 버티기 위해
뿌리는 더욱 견고해집니다.

수없이 흔들리는 감정으로 힘들지만
조금만 더 버텨보겠습니다.

견고해져서
성장한 나를 보고 싶습니다.

저마다 꽃이 피는 시기

꽃이 피는 시기와 속도는
저마다 다릅니다.

피웠을 때 색채감이며
향도 각기 다릅니다.

꽃들의 속도는
너그러이 이해해 주면서

자신에게는
더욱 엄격합니다.

목표한 결과를 내기 위해
조급해지기도 합니다.

조금만 자신에게
너그러워지는 건 어떠신가요.

저마다 시기가 다릅니다.

조급함을 잠시 멈추어
너그러이 기다려봅시다.

기회의 때는 반드시 오니
멋지게 맞이할 준비를 해봅시다.

가끔의 독기

가끔은 힘주어
독기를 품어 보려 합니다.

언제나 양보만
하고 싶지 않습니다.

때로는 욕심을 부려서
쟁취하고 싶기도 합니다.

각성하여 최선을 다해
마무리를 지어보려 합니다.

완벽하지는 않아도
나의 방식대로 해내어 보겠습니다.

나그네

서로 간의 관계나 세상일로
크게 미련을 두지 않고

나그네같이 유유히 지내어
살고 싶기도 합니다.

집착하는 관계의 삶을 떠나
의미를 찾아 떠나는
삶이 부럽기도 합니다.

외형보다 내면의 의미를 두고서
다양한 이들을 마주쳐도
여유로운 자태를 뿜어내는 나그네

행색이 화려하지 않아도
수수함에서 오는 내공 깊음이
제법 멋스러울 것 같습니다.

그런 나그네라면
되어보고 싶기도 합니다.

시간을 잠시라도

속절없이 흘러가는 시간을
멈출 수는 없습니다.

만약이라는 힘을 빌려
상상해 봅니다.

만약 시간을 잠시라도
멈출 수 있다면
가장 하고 싶은 일은 무엇일까

쌓인 피로감을 풀기 위해
수면을 취해 보기도 하며

보고 싶었던
영화와 드라마를 보며
걱정 없이 활짝 웃음 짓고 싶습니다.

먹고 싶었던 거 마음껏 먹으며
가고 싶었던 곳들 가며
시간을 즐겨 보고 싶습니다.

'만약'이라는 힘을 빌리면
사실 지금 가장 원하는 건 무엇인지
스스로 고찰하게 되기도 합니다.

당신은 시간을 멈춘다면
무엇을 하고 싶으신가요.

이제는 이별을 고합니다

거절하기가 어려워서
모든 걸 도맡아서 하려 했던
모습에 이별해봅니다.

모든 일에 습관적인 자책으로
잠 못 드는 밤을 무수히 지내왔던
근심 가득한 나와도 이별을 고합니다.

이제는 지나치게 남부터 생각했던
과거의 나와 이별을 고합니다.

이별을 고했으니
새로운 나를 맞이하여
나와 더 친해지겠습니다.

돛단배

돛을 바람에 맡기어
더 멀리 나아가고자 합니다.

바람의 결을 잘 이해하지 못해 오해하면
방향이 틀어지기도 합니다.

바람처럼 예민한 자신이라도
이런 나를 좋아하며 이해하며

돛단배의 바다를 향해 나아가는 것처럼
넓은 세상 속에서 나아가며 성장하고 싶습니다.

앞으로 나를 공부하며 알아가려 합니다.

당신도 돛단배를 탄
자신을 공부해가는
수험생이 되었으면 좋겠습니다.

바다는 온몸으로 당신을 구해요

'철썩철썩'

파도의 소리에 이끌려
조심스럽게 방문을 열어 봅니다.

잿빛으로 흐렸던 시야는
어느새 바다에 물들여진 황홀한 빛으로
눈동자 안을 가득 메웁니다.

"이토록 아름다웠던가"

그간의 서러움을 쏟아내고
어느덧 다짐으로 새겨집니다.

나를 위한 삶을 살아 보겠다고
완벽만을 추구하는 길이 아닌

가끔은 넘어지더라도
나만의 색채감으로
물들여 가보겠다며.

바다에게 용기를 내어주어
고맙다며 미소를 띠어 보냅니다.

바다는 온몸으로
날 구해요

1쇄 초판 2025년 3월 28일

지은이 | 나여울
펴낸이 | 한예지
디자인 | 한예지

펴낸곳 | 온화
등록번호 | 제2024-0000016호
등록일자 | 2024년 7월 8일

이메일 | onhwabook@naver.com
팩스 | 0504-420-7406

ISBN | 979-11-988579-2-7 (03810)

저작권법에 따라 무단 전재와 복제를 금지하며, 도서 내용의 전부 또는 일부를 이용하려면 반드시 저작권자와 출판사의 서면 동의를 받아야 합니다.

파본은 구입하신 서점에서 교환해 드립니다.